JEAN D'YVELET

ÉTUDE

SUR

CARLOS Iᵉʳ

Roi de Portugal

PARIS

LIBRAIRIE NOUVELLE (ASSOCIATION OUVRIÈRE

11, RUE CADET

CARLOS IER

ROI DE PORTUGAL

ÉTUDES

PAR

JEAN D'YVELET

—

CARLOS IER

ROI DE PORTUGAL

PARIS

IMPRIMERIE NOUVELLE (ASSOCIATION OUVRIÈRE)

11, RUE CADET, 11

—

1905

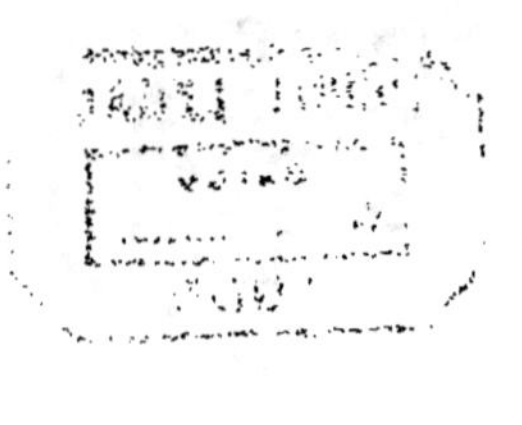

CARLOS IER

Roi de Portugal

---

chante un refrain d'opérette jadis populaire.

J'espère bien que l'auteur de ce refrain n'a pas été uniquement inspiré par la nécessité d'une rime à Portugais ; mais je pense aussi qu'il aurait pu se dispenser d'employer le mot toujours.

L'histoire est là pour donner à ce rimeur de flons flons un démenti formel.

Le Portugal, a en effet, une histoire ; il a occupé longtemps dans la vie mondiale une place capitale et, à l'heure actuelle, sous la direction de son roi, Carlos Ier, ce pays qui, après une ère de gloire et d'influence prépondérante, paraissait s'être endormi pour toujours et semblait devoir se résigner au rôle discret de « principauté sans importance » entre, avec la puissante amitié de l'Angleterre et de la France dans le « concert européen ».

Il y aurait une flagrante injustice, doublée d'une coupable ignorance, à considérer le Portugal comme quantité négligeable.

S'il m'était permis de faire une comparaison un peu osée, je dirais que, dans un bon orchestre, les petits instruments ne sont pas les moins utiles à l'harmonie.

***

L'armée portugaise n'est pas à dédaigner; elle comprend six divisions dont les chefs-lieux sont : Porto, Villa Réal (Nord), Vizeu et Coïmbre (Centre), Lisbonne et Evora (Sud).

Chaque division active se compose de deux brigades d'infanterie à 2 régiments de 3 bataillons, d'un régiment de cavalerie à 4 escadrons, d'un régiment d'artillerie de campagne à 6 batteries et d'une compagnie de génie.

L'infanterie compte 27 régiments de ligne et

6 bataillons pourvus de mitrailleuses. Il y a 10 régiments de cavalerie et l'artillerie est composée par 6 régiments de campagne à 6 batteries montées, un groupe de 2 batteries à cheval, 2 batteries de montagne, 6 groupes d'artillerie de forteresse.

L'infanterie est armée de fusils Mannlicher et l'artillerie dispose de canons d'acier de 8 centimètres avec fermeture à double coin et de canons Krupp du calibre de 9 centimètres.

Les hommes sont bien entraînés.

Le service militaire personnel et obligatoire est de 25 ans, dont 3 dans l'active, 5 dans la première réserve, 7 dans la deuxième réserve et 10 dans la réserve territoriale.

Cette organisation militaire, constituée par la loi du 13 juillet 1899 et perfectionnée par une loi toute récente de 1901, permet au Portugal de disposer sur le pied de guerre de 95,000 hommes de troupes de première ligne (active et 1re réserve), 65,000 hommes de deuxième réserve et 70,000 hommes de territoriale, soit en tout 230,000 hommes. Nous sommes évidemment loin des formidables contingents de certaines nations, mais il n'en est pas moins vrai que ce chiffre représente une force très appréciable.

C'est au roi Carlos Ier que revient l'honneur d'avoir

permis à son pays, doté d'une sage administration financière, d'entretenir cette armée.

***

On pourrait croire qu'en raison de son passé et aussi, proportionnellement au développement de ses côtes, le Portugal doit être plutôt pourvu d'une marine militaire importante.

Il n'en est pas ainsi — pour le moment du moins — 1 corvette cuirassée de 2,400 tonnes ayant une vitesse de 13 nœuds, 5 croiseurs protégés de types récents jaugeant 1,800 à 4,500 tonneaux et doués de vitesses variant entre 18 et 22 nœuds, 24 canonnières de 300 à 700 tonneaux et plusieurs bâtiments sans valeur de combat, tout au plus bons à faire le service de garde des colonies — en temps de paix — Voilà toute la force maritime actuelle du Portugal.

Il est incontestable que c'est peu ; mais le roi, après avoir organisé l'armée, songe à renforcer sa marine.

L'œuvre est plus délicate, plus longue. S'il est relativement facile d'équiper et d'instruire en quelques années une armée territoriale, la création d'une marine et sa mise au point, pour en faire une défense utile, demande beaucoup de temps et des capitaux considérables.

On ne peut tout faire à la fois et le régime financier du Portugal est trop récent encore.

Il y a lieu de donner au Roi et au Parlement quelque crédit.

Les importantes réformes qui, depuis 1889, se sont accomplies dans le pays, grâce à la sagesse de Carlos, sont un gage d'avenir.

N'oublions pas que les Portugais sont d'origine celtique et que la qualité essentielle de cette race est la ténacité.

*_**

Carlos Ier règne depuis 1889, succédant à son père, Luiz Ier, décédé le 19 octobre de cette dite année, en son château de Cascaès.

Il est le fils aîné de Dom Luis et de la reine Maria Pia.

Trois ans avant son avènement au trône, il avait épousé la princesse Marie-Amélie de Bourbon, fille du comte de Paris, une femme éminente par les hautes qualités de son intelligence et de son caractère et universellement estimée pour sa grâce et sa bonté.

Carlos Iᵉʳ se distingue par son esprit ferme et le souci continuel de gouverner en respectant la constitution du pays. L'excellente santé dont il jouit, n'est certainement pas étrangère à la vigueur avec laquelle il dirige les affaires de l'Etat. Il justifie bien le proverbe : *Un esprit sain dans un corps sain.*

En Portugal le Roi règne et gouverne ; les décisions des Cortès sont soumises à sa sanction.

** * **

Royaume constitutionnel, héréditaire en lignes masculine et féminine de la maison de Saxe-Cobourg et Gotha-Bragance, le Portugal est régi par une constitution qui date du 29 avril 1826, modifiée et complétée par un acte de 1852, une loi organique sur la pairie (1878), des lois électorales des 24 juillet 1884 et 1885.

Comme il est dit plus haut, si le pouvoir législatif appartient aux Cortès, rien n'est promulgué sans la volonté royale et les ministres sont responsables en face du souverain et du Parlement.

Carlos exerce, on le voit, un pouvoir presque absolu, mais il est le fidèle gardien d'une constitution solidement établie.

Plus que pour tout autre monarque, il nous faut, avant d'apprécier les actes de Carlos Ier, jeter un coup d'œil en arrière.

L'histoire du pays avant son avènement montrera, mieux que tous les panégyriques plus ou moins éloquents, l'influence salutaire que ce chef d'Etat a exercé sur la bonne marche des affaires gouvernementales.

***

On ne saurait attendre dans une étude forcément restreinte, que je puisse entreprendre une histoire même rapide du Portugal depuis l'antiquité. Il me faut seulement, pour arriver de suite à l'année 1875, noter d'une façon lapidaire les grands événements qui marquèrent les différents règnes.

Les phéniciens, puis les romains, auxquels les habitants du Portugal opposèrent une héroïque résistance glorifiée par Viriathe, envahirent le pays pendant 5 siècles et demi. — En 409 les Alains l'occupèrent et au début du VIIIe siècle, l'invasion musulmane en fit une province des Califes.

Le nom de Portucalia date de la conquête des rois des Asturies qui expulsèrent les maures et se rendirent maîtres de Lisbonne en 953. Vers 1107, le comté de Portugal était l'apanage d'Henri de Bourgogne, fils de Robert le Pieux, et, en 1136, le fils d'Henri fut acclamé roi par son armée à la bataille d'Ourique. Enfin les Cortès de Lamégo posèrent la première pierre d'une législation nationale.

Après avoir donné neuf souverains au Portugal, la maison de Bourgogne, qui soutint une guerre victorieuse contre les sarrazins et qui en 1308 fonda l'université de Coïmbre encore florissante aujourd'hui, cède le trône (1385) à la maison d'Aviz.

Ecrire l'histoire de cette maison, c'est enregistrer les pages les plus glorieuses du Portugal dont la marine dominait le monde. C'est rappeler l'épopée des célèbres navigateurs Vasco de Gama, Albuquerque, Abreu, Perez Andrade, Antonio da Mota, c'est évoquer la plus formidable puissance maritime et commerciale qu'une nation européenne ait exercée.

Mais peu à peu, cette gloire s'évanouit, cette puissance s'effrita. Le Portugal perdit ses plus riches colonies et, en 1640, nous le trouvons sous la domination du duc de Bragance, proclamé roi sous le nom de Jean V.

Restauré par ce monarque, le Portugal lutta contre l'Espagne pendant 25 ans et devint ensuite le vassal de l'Angleterre (1705).

L'exploitation de mines de diamants découvertes au Brésil, alors possession portugaise, donna à ce pays un regain de fortune. Administré par Pombal, le Portugal connut pendant 25 ans les apparences de la prospérité.

Arrivons à la Révolution française qui causa, sous le règne de Jean VI, une crise politique des plus graves au Portugal.

Entraîné dans les coalitions de l'Europe contre

la République française, Jean VI fut obligé, par le traité de Badajoz, d'abandonner Olivença à l'Espagne et la Guyane à la France.

L'armée Franco-Espagnole, à la suite du refus du Portugal de coopérer au blocus continental, occupa Lisbonne. L'occupation française fut d'ailleurs de courte durée et les traités de 1815 rendirent au Portugal Olivença et la partie de la Guyane en deçà de l'Oyapock.

On me pardonnera de citer ici un extrait du Nouveau-Larousse qui résume, d'une manière parfaite, les événements de l'histoire portugaise jusqu'à l'avénement de Dom Luiz, père du prédécesseur de Carlos.

A peine les difficultés auxquelles il est fait allusion plus haut étaient-elles surmontées « que l'ap-« plication d'un régime libéral allait jeter le Por-« tugal dans une nouvelle crise.

« Jean VI qui, même après la mort de sa mère « (1816), avait continué à résider au Brésil, avait « donné au Portugal une charte constitutionnelle. « Mais dès 1832, sa femme, fille de Ferdinand VII « d'Espagne, et Dom Miguel, son fils cadet, s'in-« surgeaient contre cette œuvre, soutenus par l'aris-« tocratie et le clergé. »

Ainsi s'effectuait brusquement la séparation entre le Brésil et la Métropole qui fut, peut-être la, plus douloureuse aventure de l'histoire portugaise.

« Jean VI mourait en 1826 ; il laissait sa fille,
« Isabelle-Marie, régente provisoirement du Portu-
« gal ; bientôt l'héritier légitime du trône, Dom
« Pedro, donnait une nouvelle constitution au pays
« puis abdiquait en faveur de sa sœur Dona Maria
« da Gloria ; mais celle-ci était bientôt détrônée
« par un nouveau soulèvement de Dom Miguel
« qui faisait peser sur le Portugal une lourde
« tyrannie, motivant, en 1831, l'intervention d'une
« escadre française à l'entrée du Tage.

« C'est seulement en 1832 que Dom Pedro, aban-
« donnant son empire d'Amérique, appuyé par des
« forces sérieuses et par la quadruple alliance, pou-
« vait réussir à rétablir sur le trône Dona Maria (1833).

« A la mort de Dona Maria (1853), le pouvoir
« passait à Pierre V, après une libérale régence du
« prince Ferdinand de Saxe-Cobourg, puis à Louis Ier
« (Dom Luiz) en 1861. »

Pierre V et Dom Luiz s'appliquèrent à poursuivre à l'intérieur du royaume une série de réformes économiques dont la prudence eut sur les destinées du pays une bienfaisante influence.

Laissons de côté les premières années du règne de Dom Luiz et prenons-le à la période de législature 1875-78.

***

De cette législature sortirent un certain nombre de lois administratives d'une haute portée et notamment l'augmentation du traitement des instituteurs, la réorganisation du Conseil d'Etat, l'abolition du servage dans la province de San-Thome et la réforme électorale.

Ces améliorations valurent au gouvernement une imposante majorité aux élections de 1878 ; elles n'empêchèrent point la crise ministérielle qui, le 29 mai 1879, renversa le ministère Fontés-Pereira, de Mello.

Ce ministère, formé d'éléments appartenant au parti « régénérateur », s'était maintenu de 1871 à 1877 et avait repris le pouvoir le 29 janvier 1878.

Il tombait sur un désaccord de ses membres, au sujet de revendications des groupes de l'opposition. Son chef, M. de Fontès-Pereira, avait du reste le désir de se retirer du pouvoir. Sur son conseil, le Roi constitua, le 1er juin 1878, un cabinet progressiste présidé par M. de Braamcamp.

Trois partis nettement accentués existent au Portugal. Les miguélistes, partisans de la légitimité du droit divin, les régénérateurs, doctrinaires mi-bourgeois mi-catholiques, et les progressistes.

Le parti régénérateur, qui avait dirigé les affaires portugaises presque sans interruption de 1867 à 1879, laissait le pays dans une situation précaire.

Le budget était en déficit, des travaux publics importants restaient en suspens faute de crédits suffisants et, de plus, le pays était engagé dans la négociation de deux traités avec l'Angleterre, traités qui soulevaient de violentes critiques dans la nation.

Le ministère Braamcamp, pour rétablir d'urgence la situation financière, fit un emprunt de 75,000,000 de pesetas, plusieurs fois couvert, et créa l'impôt sur le revenu (1880) fort mal accueilli par les contribuables.

Mais la lenteur de ce cabinet à réaliser des réformes promises occasionna des troubles. Il y eut des meetings de protestations, des manifestations, des rixes. La politique coloniale qu'il voulut suivre acheva de le rendre absolument impossible.

L'Angleterre, par le traité du 30 mai 1879,

aggravé par un avenant du 31 décembre 1880, avait réussi à se faire accorder des droits excessifs dans les colonies portugaises de la côte africaine orientale. Ses flottes jouissaient de certains pouvoirs juridiques dans les eaux du Portugal ; ses armées avaient le loisir de traverser le territoire portugais, ses douanes avaient la faculté de contrôler les marchandises importées, à destination du Transvaal. De plus, la Grande-Bretagne devait achever une voie de fer dont les Boërs avaient précédemment demandé à faire la construction et qui reliait la côte à Prétoria ; mais la Grande-Bretagne stipulait, pour son matériel de construction et d'exploitation, le passage en franchise.

Ce traité, dit « de Lorenço-Marquez », surexcita l'opinion portugaise déjà défavorable à la politique du cabinet Braamcamp.

« Le cabinet, dit un auteur, réussit à faire ratifier
« cette convention par 73 voix contre 29 ; mais les
« régénérateurs se retirèrent en masse et plusieurs
« progressistes se prononcèrent contre le ministère.
« Un député s'empressa de déposer, aux applaudis-
« sements de la Chambre et des tribunes, un projet
« de résolution tendant à déclarer qu'à l'avenir
« toute ratification de traité avec une puissance
« étrangère serait soumise à une discussion
« publique. »

Le 7 mars 1881, une manifestation se produisit dans les tribunes de la Chambre. Il fallut faire évacuer par la force les couloirs du Palais, et, quinze jours après, les pairs ayant repoussé le traité, M. Braamcamp démissionna.

Il fut remplacé par M. Antonio-Rodriguez Sampayo dont le ministère, sans programme, maintint l'impôt sur le revenu et résolut de garder la neutralité dans la discussion du fameux traité par les pairs.

Les Cortès furent suspendus durant six semaines.

Le 21 août suivant, aux élections générales, les progressistes essuyèrent une défaite : ils ne gardèrent que six sièges; M. de Braamcamp ne fut pas réélu.

M. de Fontès, rappelé aux affaires le 14 novembre, gouverna sans lutte jusqu'au mois d'octobre 1883:

Ici se place un incident qui est un des plus saillants de l'histoire politique moderne du Portugal.

Désuni sur une question municipale, le cabinet Fontés se disloqua. Son chef garda néanmoins le pouvoir et groupa des collaborateurs mal accueillis par les libéraux.

Le roi, Dom Luiz, pensa que la révision de la Constitution éviterait l'orage et le premier ministre déposa un projet de révision d'abord adopté en principe, mais qui rencontra une vive opposition quand on aborda la discussion sur le fond.

Jusqu'alors le Parlement comptait, en nombre illimité, des membres héréditaires ou nommés à vie par le roi.

D'après les nouvelles dispositions soumises aux Cortès, il n'y aurait plus que 150 pairs, dont 100 nommés à vie par la couronne, et 50 élus pour six ans.

Le roi pourrait exercer le droit de dissolution, tant à l'égard de ces 50 pairs que vis-à-vis de la Chambre des députés. Pour cette dernière, la durée de la législature était fixée à trois ans. Le mandat impératif était formellement interdit. Certaines dispositions furent inscrites dans la loi pour la garantie du droit de réunion et du droit de péti-tion. La disposition constitutionnelle qui interdisait au souverain de sortir du territoire portugais sans l'autorisation des Cortès ne fut maintenue qu'au regard des absences de plus de trois mois. Le *bene placito* royal, sans lequel aucune encyclique et aucun décret des conciles ne pouvaient être publiés était également l'objet d'une disposition

tendant à définir plus sérieusement cette préro-
gative. La religion de l'Etat était maintenue. Enfin,
pour empêcher la question de la revision de se
poser trop fréquemment, un article stipulait qu'un
intervalle de quatre ans devrait séparer chaque
proposition de cet ordre.. Dans le même temps,
les Cortès votèrent une refonte du système élec-
toral, accordant le droit de représentation des
minorités dans les chefs-lieux des départements et
l'élection par accumulation des votes obtenus dans
l'ensemble des circonscriptions électorales (1884-1885).

Néanmoins les projets financiers du cabinet Fontès
étaient de plus en plus impopulaires.

A Oporto, à Coïmbre, à Lisbonne, des meetings
violents s'organisèrent ; on criait : Vive la République ! A bas les octrois !

Et à la Chambre, l'opposition tirait parti de ce
mécontentement général.

Les séances devenaient de plus en plus troublées
et le ministère, débordé, demanda au roi de pro-
roger le Parlement pendant deux mois, dont on
profiterait pour vaincre par la force les manifestations de la rue.

Dans cette circonstance, Dom Luiz fit preuve
de prévoyance. Il ne voulut pas entrer en lutte

contre tout un peuple, et refusa de recourir à l'expédient proposé par M. de Fontès qu'il remplaça par le chef des progressistes M. Luciano y Castro, successeur de M. de Braamcamp, décédé.

Le nouveau gouvernement se présenta aux Cortès avec un programme de tolérance politique, une tendance à la conciliation et la résolution de faire de sérieuses économies et de ne proposer aucune augmentation d'impôt avant de les avoir réalisées.

***

A cette époque, le duc de Bragance, héritier présomptif du trône de Portugal, épousait la princesse Amélie d'Orléans, et, à peine cette union célébrée, il faisait l'apprentissage du pouvoir.

Dom Luiz entreprenait, en effet, un voyage en Europe et laissait la régence à son fils aîné, qui devait plus tard lui succéder sous le nom de Carlos Ier.

Très activement le régent poussa le cabinet à l'exécution d'une série de réformes urgentes et dont la solution pouvait être immédiate, sauf à consulter les Cortès après coup.

Un code administratif nouveau fut promulgué, dans le but de soustraire aux pressions locales les employés et les tribunaux administratifs.

C'était là une réforme de première nécessité pour la bonne marche des rouages gouvernementaux. L'unité de direction avait fait défaut jusqu'ici. Les fonctionnaires harcelés par les influents notables des localités et mal défendus contre leur autorité sans contrôle ne secondaient que très imparfaitement les efforts du gouvernement, et ce qui était bien au nord devenant mal au sud, il en résultait une sorte d'anarchie qui entravait la marche des affaires.

Le duc de Bragance soutint les ministres dans leur zèle, et de cette entente entre le régent et le Cabinet, résultaient d'heureuses modifications dans l'économie politique du royaume.

La Constitution et le régime financier des communes furent réorganisés ; la Cour des Comptes fut réglementée sur des bases essentiellement modernes, le système judiciaire subit de profondes modifications qui le rendaient plus équitable et plus pratique.

Enfin l'impôt sur le sel fut aboli. — Nous n'en sommes pas encore là en France, hélas ! — l'indemnité législative fut réduite (août 1886).

La modification des conditions de vote pour les

Conseils municipaux et les Conseils de district ayant eu pour résultat de renouveler ces assemblées, le ministère trouva dans le scrutin du 10 décembre 1886 une importante majorité.

Encore une fois, en janvier 1887, les Cortès furent suspendus. M. Luciano y Castro avait obtenu du Roi cette dissolution, à la suite de l'élection d'un membre de l'opposition à la présidence de la Chambre.

*
* *

Aux élections qui suivirent, le 6 mars 1887, l'opposition conservatrice obtint seulement 40 voix sur un total de 164 députés.

La liste progressiste eut la victoire à Lisbonne, mais en vertu du droit de représentation des minorités, deux des députés de Lisbonne furent des républicains. Un mois plus tard, au scrutin pour la désignation des 50 pairs électifs, les progressistes eurent 43 sièges sur 45, alors qu'aux élections précédentes, la même majorité s'était exactement produite en faveur des conservateurs. Ceux-ci suppléèrent à l'infériorité numérique par la fréquence des manifestations tumultueuses, mais la vérité est que la majorité ne s'abstenait point de les provoquer. Finalement, au mois de mai 1887, le ministre de la Marine dut donner temporairement sa démission après avoir subi des voies de fait de la part d'un député progressiste, ce qui dénote que le sens commun avait déserté les bancs de la gauche comme ceux de la droite. La gravité de l'incident refroidit les passions ; l'on put, avant de se séparer (12 août), voter la nouvelle loi militaire (établissant le service personnel obligatoire et supprimant le remplacement), et diverses mesures fiscales tendant à combler le déficit du budget : augmentation des droits de douane, unification du régime de l'importation et de la fabrication des tabacs, etc. Dans l'intervalle, M. Antonio Pereira de Fontès mourut, et quelques-uns de ses partisans se rapprochèrent des éléments démocratiques, tandis que M. Serpa Pimentel remplaçait M. de Fontès à la tête du parti.

Comme le montre cet exposé un peu rapide, l'histoire politique du Portugal est compliquée, et le pouvoir que prit le duc de Brabance à la mort de son père, le 19 octobre 1889, était loin d'être une sinécure.

*
* *

Né en 1863, Carlos Ier est dans toute la plénitude de la force. Il est doué d'une grande énergie au service d'une remarquable perspicacité et c'est à ces qualités qu'il doit sa popularité.

Au début de son règne, il avait la tâche délicate de régler le conflit qui venait de s'élever entre le Portugal et l'Angleterre au sujet de Lorenço-Marquès.

Après l'arbitrage du maréchal de Mac-Mahon, le Portugal dut céder. — La susceptibilité de ce peuple très courageux, mais vraiment trop faible pour lutter contre un adversaire aussi redoutable que l'Angteterre, avait été ménagée par cet arbitrage. Cependant, l'opinion publique, tint rigueur à Carlos Ier, d'avoir fait des concessions qu'elle jugeait humiliantes et son mécontentement se traduisit par de violentes protestations.

Des manifestations républicaines virent même le jour à la faveur de ces troubles ; mais elles furent violemment réprimées.

Après cet acte énergique pour sauvegarder les prérogatives de son trône, Carlos Ier se mit résolument au travail et j'ai dit, au début de cette étude, avec quel soin il a réorganisé l'armée de son pays.

On lui sait gré de s'appliquer à toujours rester

respectueux des principes de la Charte et de s'efforcer à maintenir avec les puissances étrangères des relations cordiales.

Aujourd'hui, les finances portugaises sont en équilibre, le Roi peut envisager l'avenir avec l'espoir de prendre un rang très honorable dans le concert européen.

Les récents voyages d'Edouard VII, roi d'Angleterre et de M. Loubet, Président de la République française ont sanctionné l'amitié qui lie le Portugal avec ces deux grandes nations et à l'abri de ces puissantes amitiés le Portugal peut, confiant et fier de sa force qui, je l'ai dit est très appréciable et le sera plus encore quand il aura réorganisé sa marine militaire, le Portugal peut prouver au monde que les nations ne succombent jamais quand le patriotisme et l'esprit libéral guident leurs institutions.

Toutes raisons de conflit sont apaisées entre le petit Etat et l'Angleterre, grâce précisément à la sagacité de Carlos Ier qui a su se montrer conciliant, alors que l'honneur national n'était pas engagé et qu'il avait, en somme, à supporter les conséquences de négociations passées auxquelles il n'avait pas pris part.

Son peuple qui tout d'abord l'avait méconnu,

dans cette occasion critique, se rend compte aujourd'hui de la valeur de son Roi et le règne de
Carlos sera certainement heureux pour la gloire et
la prospérité du Portugal.

JEAN D'YVELET.

PARIS. — IMPRIMERIE NOUVELLE (ASSOCIATION OUVRIÈRE),

A. MANGEOT, DIRECTEUR, 11, RUE CADET. — 1552-5.

300

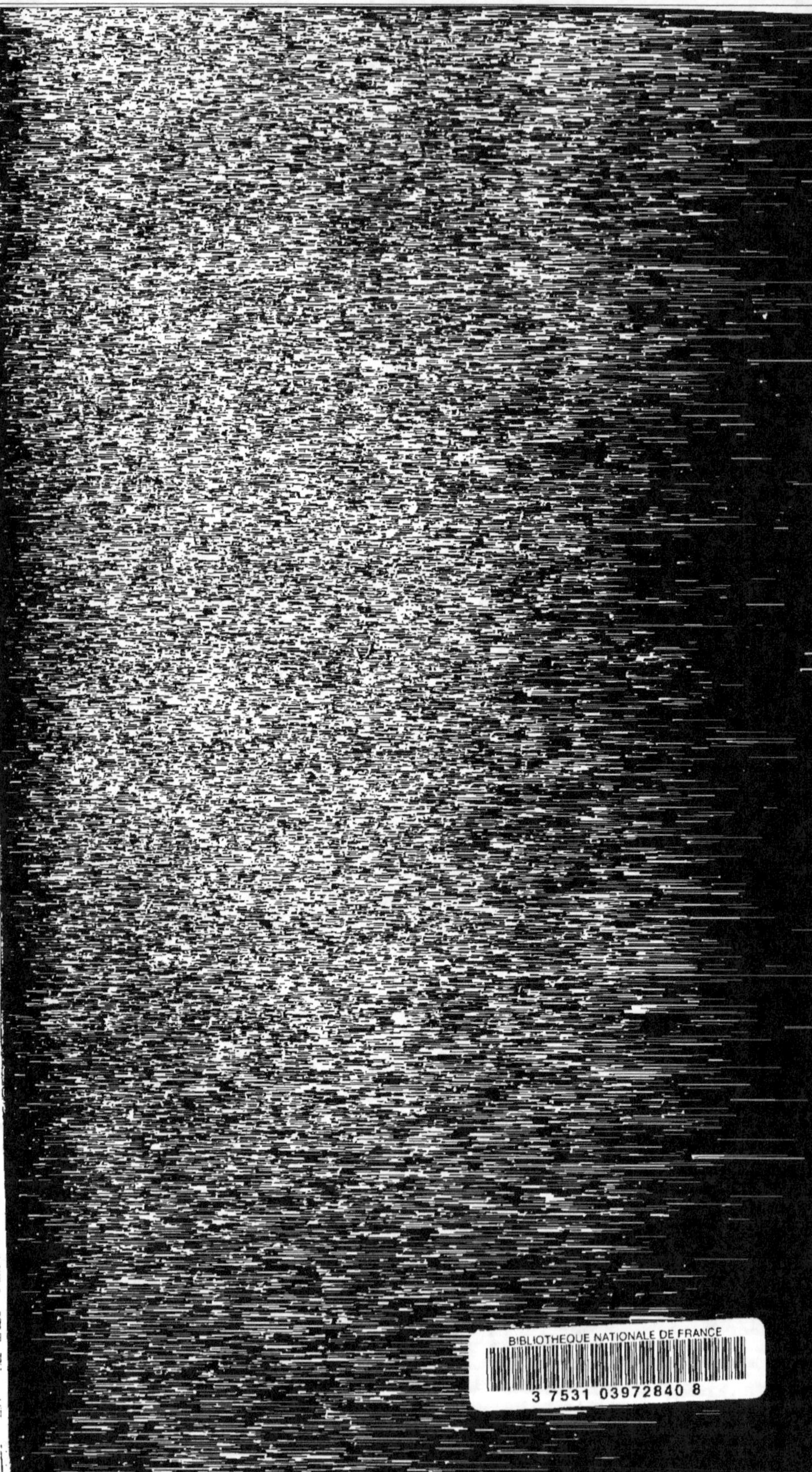